D1983405

Neues wagen und gewinnen

Texte und Bilder
von Ruth Rau

Fotokunst-Verlag Groh • Wörthsee bei München

Maritime museum 0,5nm
4 mast bk Pommern
New York 3721nm
Cape Horn 8160nm
Tokio 4928nm
Liverpool 854nm
Port Lincoln 8184nm
Cape Town 5642nm

Mut zum Wagnis
wünsche ich dir:

Jeden Tag etwas tun,
was du vielleicht
noch nie getan hast,
einen Menschen ansprechen,
mit dem du vielleicht
noch nie geredet hast,
in der Natur
etwas entdecken,
was du noch nie gesehen hast,
ein Land bereisen
– und sei es nur in Gedanken –,
das du noch nie betreten hast.

Entdeckergeist
wünsche ich dir,
denn die Welt
ist noch immer

voll von Geheimnissen.

Ermutigung zum Risiko

„Leben ist immer lebensgefährlich“, stellt Erich Kästner bei seinen Überlegungen zum neuen Jahr fest. Recht hat er. Aber wieviel Risiko braucht der Mensch? Einerseits werden wir immer sicherheitsbewusster, andererseits bringen Risiko-Sportarten vielen dann doch wieder einen Schuss Abenteuer ins Leben.

Ohne Risiko wäre das Leben wohl langweilig. Aber wo hört der Spaß auf, wo fängt der Leichtsinn an?
Wer etwas wagen will, sei es im Sport, im Beruf oder in einer Beziehung, sollte dreierlei bedenken:
– seine Möglichkeiten und Grenzen einschätzen
– seinen Ängsten ins Auge schauen
– und sich seiner Verantwortung bewusst sein.
Und dann: mutig etwas wagen – um zu gewinnen.

Start-Energie

Was braucht man zum Starten?
Beim Autofahren ist das ganz einfach: einsteigen, angurten, Motor anlassen, Benzinstand prüfen, Handbremse lösen, Gang einlegen, in den Spiegel schauen und losfahren. Wenn es um eine neue Route geht, wären noch ein paar Landkarten gut, damit man sein Ziel auch erreicht.

Beim Start in ein neues Projekt ist es eigentlich nicht anders. Ob wir eine Ausbildung beginnen oder eine neue Aufgabe übernehmen oder uns auf eine Beziehung oder sonst ein Abenteuer einlassen – wir brauchen immer dasselbe:
Genügend Energie, Sorge für die eigene Sicherheit, Umsicht im Blick auf andere, Sich-Lösen von dem, was bremst – und die Bereitschaft, uns im rechten Moment in Bewegung zu setzen. Und dann brauchen wir nur noch ein bisschen Glück, um tatsächlich am Ziel anzukommen.

Aufbrechen zu neuen Ufern

Es waren stets die Mutigen, die eines Tages ein Boot beluden und sich auf den Weg machten zu neuen Ufern. Nicht alle sind angekommen. Aber die, die ankamen, haben Kontinente entdeckt und Inseln besiedelt. Ihr Aufbruch hatte Bedeutung für alle.
Heute gibt es kaum noch unbewohnte Inseln, und Kontinente sind nicht mehr zu entdecken. Aber Neuland gibt es noch immer. Nicht nur im All. Auch auf unserem Planeten ist noch viel zu entdecken. Täglich berichten die Zeitungen von neuen Forschungsergebnissen, und manchen lockt es, sich an solchen Abenteuern zu beteiligen.
Aber auch in unserem Alltag wartet noch Neues auf uns. Wir können überraschende Seiten an Kollegen und Freunden entdecken, die uns bisher verborgen waren. Wir können uns ganz neue Lebensbereiche erschließen, indem wir zu malen beginnen, ein Instrument erlernen oder uns für einen Sport begeistern. Neue Bewegungsgefühle, neue Lebensgefühle, neue Begegnungsgefühle erwarten uns. Und irgendwo ist eine Tür, die darauf wartet, von uns geöffnet zu werden.

Wer wagt, gewinnt …

behauptet ein Sprichwort. Aber stimmt das auch? Es bleibt doch ein Risiko; man könnte ja auch verlieren, denken viele. Die Umkehrung stimmt auf jeden Fall: Wer nichts wagt, kann auch nicht gewinnen. Wer kein Los kauft, nimmt eben an der Verlosung nicht teil und hat auch keine Aussicht auf Gewinn.

Nur wer etwas wagt, etwas einsetzt, hat Gewinnchancen. Und selbst wenn sich die Dinge nicht so entwickeln wie erhofft – eines gewinnt man auf jeden Fall: Erfahrung. „Fahrende Gesellen“, das waren in früheren Zeiten die Handwerksburschen, die nach der Lehre in die Welt hinaus zogen, hier und dort eine Weile arbeiteten und Neues kennenlernten. Wenn sie nach Jahren zurückkehrten nach Hause, waren sie „erfahren“.
Anders sind Erfahrungen auch heute nicht zu gewinnen, als dass wir uns in die Welt hinauswagen, uns dem Leben stellen und etwas riskieren.
Wir können dabei eigentlich nur gewinnen.

Abschied

Ein Abschied bedeutet,
dass etwas seine Zeit gehabt
und seinen Sinn erfüllt hat.

Abschied bedeutet,
dass Raum wird
für neue Möglichkeiten.

Pusteblumen …

Der Wind bläst in die Pusteblumen des Löwenzahns. Einige der Samenschirmchen sind schon auf die Reise gegangen. Wie kleine Fallschirme schweben sie davon. Niemand weiß, wo sie landen werden. Aber sie sind mit allem ausgerüstet, was sie brauchen, um irgendwo ihr eigenes Leben zu beginnen.

Einige andere hängen noch zu zweit oder dritt an der Mutterpflanze. Es ist, als brauchten sie noch ein bisschen Mut, um den Absprung zu wagen. Doch der nächste Windstoß führt auch sie davon.
Schließlich bleibt der leere Blütenboden zurück.
Aber jedes Samenschirmchen hat dort seine Spur hinterlassen; ein schönes Muster ist daraus geworden.

Ob es mir auch so leicht fiele, loszulassen?

Heiter Ballast abwerfen

Wenn man länger in derselben Wohnung lebt, sammeln sich um einen her die Dinge. Zeitschriftenstapel wachsen in den Ecken heran; in Schubladen häufen sich Geschenkpapiere und Kartons, im Keller werden reparaturbedürftige Bügeleisen und leere Blumenkübel von Spinnweben überzogen.
All das wird mit der Zeit zum Ballast. Immer wieder nimmt man sich vor aufzuräumen, und immer gibt es Wichtigeres zu tun. Zum Glück muss man nicht gleich umziehen, um sich von alten Dingen zu trennen. An manchen Tagen kribbelt es mich richtig in den Fingern ... und dann lege ich los. Was ich zwei Jahre lang nicht gebraucht habe, werde ich wohl auch in Zukunft nicht brauchen. Also weg damit. Und in diesem Pullover habe ich mich noch nie wohl gefühlt. Wie lange will ich ihn noch pflichtbewusst aufheben? Mitten im Räumen finde ich einen unbeantworteten Brief und rufe endlich an; danach geht's mit frischen Kräften weiter. Am Abend stehen drei Kisten mit aussortierten Dingen vor der Tür; im Kleiderschrank ist wieder Platz, und die Wohnung wirkt größer. Ballast abwerfen tut gut. Das könnte ich mir doch öfter gönnen. Jetzt ist wieder Platz für etwas Neues in meinem Leben ...

Wegbereiter

Manchmal hat Altbewährtes auch etwas für sich. Vor Jahren wanderte ich auf schmalen Wegen im Tessin durch steile Kastanienwälder. Uralte Pfade und Treppen verbanden die an den Berghängen liegenden Dörfer miteinander. Mir wurde bewusst, dass ich dort nicht gehen könnte, wenn nicht Menschen vor mir dort gegangen wären und in mühsamer Arbeit Wege und Treppen angelegt hätten.

Menschen könnten sich nicht so präzise verständigen, wenn nicht Generationen vor ihnen Sprache und Grammatik entwickelt hätten. All unsere technischen Errungenschaften wären nicht möglich, wenn nicht Menschen früherer Zeiten die Gesetze der Physik und Mathematik erforscht hätten. Wohin wir kommen, finden wir Strukturen vor, die andere vor unserer Zeit geschaffen haben. Wir knüpfen daran an und bauen darauf auf. Und zugleich errichten wir Neues, auf dem andere weiter aufbauen werden. Es ist wie eine Treppe, an der jede Generation eine Stufe baut. Damit das Leben weitergeht, brauchen wir Achtung vor dem, was schon vor uns war, und zugleich den Mut, etwas Neues zu wagen und einen Schritt weiterzugehen.

Die kostbare Perle

In einem Gleichnis ist von einem Menschen die Rede, der eine ganz kostbare Perle entdeckte. Sie schien ihm alles zu verkörpern, wonach er sein Leben lang gesucht hatte. Also verkaufte er alles, was er hatte, um diese Perle zu kaufen.
Eigentlich ist das eine verrückte Geschichte: Haus und Hof und allen Besitz zu verkaufen, um ein einziges Schmuckstück zu besitzen. Aber was dieser Mensch tat, ist in dreifacher Hinsicht bemerkenswert:

- Er wurde sich darüber klar, was ihm im Leben wirklich wichtig ist.
- Er beließ es nicht beim Träumen, sondern wurde aktiv, um seinen Traum zu verwirklichen.
- Als er das Kostbare gefunden hatte, war er bereit, alles auf eine Karte zu setzen, um es für sich zu gewinnen.

Manche Menschen warten ihr Leben lang darauf, dass ihnen die Dinge in den Schoß fallen. Aber das tun sie in der Regel nicht.
Ein Sportler trainiert hart, um zu siegen; ein Musiker widmet sein Leben der Musik, um wirklich gut zu sein und zu bleiben. Andere opfern viel von ihrer Freizeit für eine Karriere oder eine Beziehung zu einem Menschen, der ihnen am Herzen liegt.
Ganzer Einsatz lohnt sich. Und das, wofür man sich so einsetzt, wird einem kostbarer sein als alles sonst.

„Du schaffst es!“

Ich vertraue darauf:
Du schaffst es!
Hab Mut
und wag's!
Du kannst mehr,
als du glaubst,
du weißt mehr,
als du denkst.
Vertrau auf dich:
Du schaffst es!

Herzklopfen vor einem neuen Blatt

Erinnerungen an Schulaufsätze und wichtige Briefe...

Vor mir liegt ein leeres Blatt. Ich kaue am Stift.
Der Anfang ist schwer. Jetzt ist noch alles möglich. Aber mit dem ersten Wort beginne ich mich festzulegen. Ist der Anfang deshalb so mühsam? Meine Gedanken umkreisen das Blatt wie ein Schmetterling die Blumenwiese. Aber ich spüre, dass sie landen wollen.

Schwungvoll bringe ich den ersten Satz aufs Papier.
Und schon fließen die anderen hinterher.
Der Anfang ist geschafft, der Rest geht wie von alleine ...

Schultüten und andere Möglichkeiten, sich einen Anfang zu versüßen

Es war doch eine nette Idee, uns den ersten Schultag mit einer Tüte voll guter Dinge zu versüßen. Obwohl es ein halbes Jahrhundert her ist, kann ich mich genau erinnern, wie ich, mich an dieser Tüte festhaltend – sie war halb so groß wie ich – den ersten Weg zur Schule unter die Füße nahm, ein wenig beklommen, was da auf mich zukommen würde.

Leider ist es später nicht mehr üblich, dass man uns den Anfang versüßt, und meistens finden wir an neuen Orten auch keine Schilder vor: „Herzlich willkommen – wir haben schon auf dich gewartet." Also müssen wir selber ein bisschen nett zu uns sein und uns den Anfang erleichtern, z.B. mit einem neuen Kleidungsstück für den ersten Arbeitstag oder mit einem Gang in die Pizzeria, wenn die Möbelpacker uns mit unserem Chaos von Umzugskartons allein gelassen haben. Umso besser, wenn dann doch noch die Nachbarin mit ein paar Blumen erscheint und uns willkommen heißt. Ich will daran denken, wenn hier wieder jemand einzieht …

Der richtige Zeitpunkt

Vom richtigen Zeitpunkt ist heute viel die Rede. Wir sind sensibel dafür geworden, dass nicht alle Tage gleich sind und dass nicht jeder Zeitpunkt der richtige ist, um etwas Neues zu beginnen.
Aber wie erspüren wir den rechten Augenblick?
Ganz logisch mit Hilfe einer Checkliste oder nur nach Gefühl?

Man kann es einüben, dass „Kopf“ und „Bauch“ zusammenwirken und eine Entscheidung mit Herz und Verstand zustande kommt. Wenn man bei einer Sache ein ganz ungutes Gefühl hat, dann sollte man das ernst nehmen und die Dinge noch einmal überdenken, bevor man sich festlegt.
Aber nicht immer können wir Entscheidungen so lange hinausschieben, oft muss man einfach etwas wagen, auch wenn man nicht sicher ist, ob es nun das Richtige sein wird. Das findet man erst heraus, indem man es ausprobiert. Ob ich mich in einem Beruf entfalten kann, ob ich mich in einer Partnerschaft auf Dauer wohlfühle, ob es mir gelingt, an einem Ort heimisch zu werden, das zeigt sich erst im Laufe von Monaten und Jahren. Manchmal muss man eine Entscheidung korrigieren und sich eingestehen: Das war’s nicht. Aber das sollte uns nicht den Schwung nehmen, wieder etwas Neues zu wagen.

Das erste Mal

Ich erinnere mich noch genau, wie das war, als ich zum ersten Mal eine kleine Rede gehalten habe, an einem Familienfest. Zuerst dachte ich: „Das kann ich nicht“, aber nachher stellte ich fest: Es war gar nicht so schwer. Weder lief ich rot an, noch verlor ich den Faden, sondern brachte mein Anliegen klar heraus. Seither traue ich mich öfter, meine Gedanken zu äußern.

Das „erste Mal“ ist immer eine kleine Hürde, nicht nur beim Reden halten, nicht nur in der Liebe. Zum ersten Mal alleine verreisen, zum ersten Mal am Steuer sitzen, ohne Fahrlehrer mit Zweitbremse, zum ersten Mal einen Scheck unterschreiben oder einen Mietvertrag, alles kostet ein bisschen Mut. Aber, wie Hesse sagt, „jedem Anfang wohnt ein Zauber inne“. Die Anfänge haben ihren Charme, ihr Herzklopfen, ihre Aufregung, und im Rückblick vergolden wir sie später ein wenig. Auch wer schon lange mit einem Partner zusammenlebt, wird sich noch an den ersten Kuss erinnern. Oder an das erste selbstverdiente Geld und was man sich davon gekauft hat.
Wenn das Anfangen so schön ist, warum gönnen wir uns dieses Vergnügen nicht öfter und wagen etwas Neues?

Kopfsprung ist Typsache …

Beobachtungen im Schwimmbad: Manche hechten mit Kopfsprung hinein ins kalte Nass. Solche Menschen kann ich nur bewundern, denn ich gehöre eher zu denen, die erstmal ganz vorsichtig den großen Zeh ins Wasser tauchen, und dann vielleicht den ganzen Fuß, und es sich dann noch ein Weilchen überlegen, bevor sie Schritt für Schritt die Treppe hinunter ins Becken steigen und sich ein bisschen schütteln, wenn der Bauch nass wird.

Menschen haben verschiedene Start-Gewohnheiten.
Die einen machen's schnell, die anderen lassen sich Zeit.
Warum auch nicht? Es ist Typsache.
Hauptsache, sie schwimmen – jeder auf seine Weise.

Gib nicht auf!

Als du laufen lerntest,
da bist du oft
auf die Nase gefallen,
aber du hast nicht aufgegeben,
und jedes Mal
ist dir ein Schritt mehr gelungen,
bevor du wieder
auf der Nase gelandet bist.

Laufen
hast du schon gelernt,
und sprechen und lesen
und das kleine Einmaleins
und denken und fühlen
und lernen und vertrauen,
also: Gib nicht auf!

„Ich drück' dir die Daumen"

Eins braucht jeder, der etwas Neues beginnen will: gute Freunde. Menschen, die hinter einem stehen, einem etwas zutrauen, einem Mut machen. Denn wer etwas wagt, weiß ja noch nicht, ob er dabei gewinnen wird. Mal ist man zuversichtlich, dann wieder voller Selbstzweifel. Man muss Tiefschläge wegstecken und Hindernisse überwinden. Manchmal bekommt man Angst vor der eigenen Courage. Dann braucht man jemanden, der einem zuzwinkert und sagt: „Ich drück' dir die Daumen."

Einen Großvater zum Beispiel, der einem erzählt, was bei ihm alles schief gelaufen ist – und wie er es dann doch geschafft hat. Oder einen Partner, der Mut macht und sagt: „Probier's nur. Und für alle Fälle: Ich bin ja auch noch da."

Oder ein Lehrer, der uns versichert: „Ich weiß, du hast das Zeug dazu. Jetzt leg mal los."

Menschen also, die uns etwas zutrauen. Und die auch merken, wenn wir einen zusätzlichen Schutzengel brauchen.

Vom Umgang mit Hindernissen

„Hindernisse sind dazu da, um überwunden zu werden." Dieser Satz hat mich schon als Kind geärgert. Denn manche Hindernisse waren mir einfach zu groß. Mir ist es zum Beispiel nie gelungen, im Schulsport über den Kasten zu springen. Jedesmal nahm ich Anlauf... und blieb entmutigt vor dieser riesigen Kiste stehen, die mir Angst einflößte. Leider hat mir niemand gezeigt, wie ich es machen müsste, um drüberzuspringen, und es kam auch niemand auf die Idee, den Kasten fürs Erste etwas niedriger zu machen. Auch war ich als Kind nicht mutig genug, jemanden zu bitten: „Zeig mir doch mal, wie das geht..."

Heute würde ich das tun. Heute weiß ich, was ich mir zutrauen kann und was nicht. Aber gelernt habe ich das durch Ausprobieren. Mit vielen Hindernissen bin ich fertig geworden, mit oder ohne Hilfe, und das hat mich stärker gemacht. Bei anderen Dingen musste ich mir eingestehen: „Das ist nicht meine Sache."
Auch das kann eine gute Erfahrung sein. Sie entlastet mich und hilft mir, meine Kräfte da einzusetzen, wo meine Begabungen liegen und wo ich erfolgreich sein kann.

Die zweite Chance

Manchmal geht etwas schief. Die Umstände scheinen gegen uns zu sein; Vorgesetzte oder Partner haben andere Vorstellungen von der Sache als wir oder wir stellen fest, dass unsere Begabungen doch eher woanders liegen. Irgendwann kommt man zu der bitteren Erkenntnis, besser aufzuhören, bevor alles noch schlimmer wird.

Das kann weh tun. Man fühlt sich, als sei einem ein Zacken aus der Krone gebrochen, und das ist kein schöner Anblick. Am liebsten würde man sich in ein Mauseloch verkriechen.

Aber mit der Zeit muss man doch wieder herauskommen und sich dem Leben stellen. Nur nicht entmutigen lassen:

Es gibt eine zweite Chance.

Wir können noch einmal neu beginnen. Wir können neue Lebenskraft entfalten – wie der Baumstumpf, der noch einmal austreibt.
Kaum ein Lebensweg führt schnurgerade ans Ziel. Oft sind es die Umwege, die das Unterwegssein lohnend machen.

Wie Beenden und Beginnen zusammengehören

In einen vollen Eimer kann man nichts schütten. Wer etwas Neues beginnen will, muss etwas anderes beenden. Wir beenden die Schule und beginnen mit einer Berufsausbildung. Wer eine neue Lebensbeziehung beginnt und eine alte noch nicht beendet hat, wird bald merken, dass der Eimer überläuft und man nasse Füße bekommt. Wir müssen die Hände und den Kopf und das Herz freihaben für etwas Neues.
Paul Tournier beschreibt das eindrucksvoll am Beispiel eines Trapezkünstlers: Er muss sich zuerst an dem einen Trapez richtig in Schwung bringen, und dann muss er im richtigen Moment loslassen, um das andere Trapez ergreifen zu können. Zwischen den beiden schwebt er einen Moment lang in der Luft und hat keinen Halt. Das macht Angst. Aber der Trapezkünstler kennt die Schwerkraft und die Fliehkraft und weiß, dass sie ihn von dem einen Trapez zum anderen bringen werden.
Auch wir brauchen solches Vertrauen in die Kräfte des Lebens und in unsere eigenen, wenn wir etwas beenden und etwas Neues beginnen. Für die Wechselfälle im Leben brauchen wir einfach Schwung.

W

Wie viele Sieger gibt es beim Marathonlauf?

Die Nummer Eins zu sein – das ist heute das große Ziel. Im Sport, in der Wirtschaft, in der Musik, in der Forschung, überall geht es darum, der Erste, der Schnellste, der Größte, der Beste zu sein.

Klar, einer ist immer der Erste. Aber was ist mit den anderen? Der Zweite in einem Wettlauf ist fast genauso schnell gelaufen, meist geht es ja nur um Sekundenbruchteile – und was ist das schon? Auch die anderen sind Sieger. Sie haben trainiert, sie haben innere und äußere Widerstände überwunden, sie sind gestartet, sie sind gelaufen – und sie sind angekommen. Es kann nicht jeder die Nummer Eins sein. Der erste Platz ist nur einmal da.

Aber der Zweitbeste ist auch gut. Und all die anderen – sie geben ebenfalls ihr Bestes. Und das hat ebenso Wert. Es kommt nicht nur darauf an, sich mit anderen zu vergleichen. Wichtiger ist, aus den eigenen Möglichkeiten das Beste zu machen.

Weg in die Freiheit

Vergiss nicht:
Der Weg in die Freiheit
besteht darin,
eine Tür zu öffnen
und die Klinke
wieder loszulassen.

Vergiss nicht:
Du bist der Einzige,
der aus deinem Leben
etwas machen kann.
Wenn du es wagst,
wirst du gewinnen.

Über die Autorin

Ruth Rau lebt seit 1986 im Raum Freiburg, wo sie mit ihrem Mann ein Ingenieurbüro für Elektronik-Entwicklung aufgebaut hat. Daneben betätigte sie sich fotografisch, zunächst im Bereich der mittelalterlichen Kunst, später verlagerte sich ihr Schwerpunkt auf Naturfotografie. Seit vielen Jahren arbeitet sie mit dem Fotokunst-Verlag Groh zusammen, wo ihre Bücher, meditativen Fotokarten und Kalender erscheinen.

Intensive Beschäftigung mit der Kunst des 19. und 20. Jahrhunderts setzt sie in Seidenmalerei um und in experimentelle Naturfotografie. „Manchmal male ich mit der Kamera", sagt Ruth Rau.

Neues wagen – das ist bei ihr ein Lebensthema geblieben. „Ich bin gespannt, vor welche Aufgaben mich das Leben noch stellen wird", sagt die heute 56-Jährige, „ich habe noch viel vor."

ISBN 3-89008-551-2
© 2000 Fotokunst-Verlag Groh
Wörthsee bei München